Recueil 13, contenant:

1364. Calendrier de Philadelphie.

ORIGINE
DES CHARGES
DE
SECRÉTAIRE DU ROI.

AVIS.

*L*ES *Personnes qui auroient quelques Observations à ajouter à ce Traité, sont priés
de les faire passer au Libraire, qui en fera
usage avec reconnoissance.*

TRAITÉ
DE L'ORIGINE
ET DU PROGRÈS
DES CHARGES
DE
SECRÉTAIRES D'ÉTAT,
POUR SERVIR D'ÉCLAIRCISSEMENS
A QUELQUES POINTS PARTICULIERS

DE L'HISTOIRE DE FRANCE.

PAR M.***Briquet.

PRIX 24 fols broché, franc de Port partout le Royaume.

A AMSTERDAM,

Et fe trouve à PARIS,

Chez LAMY, Libraire, Quai des Auguftins, près la
rue Git - le - Cœur.

M. DCC. LXXX.

AVIS
DE L'EDITEUR.

LE voyage d'un de mes amis en France m'a procuré cette Dissertation. Le rang qu'il tenoit dans notre Province lui donna bientôt entrée dans les meilleures Maisons de Paris, sur tout chez les Gens de Lettres & les amateurs de l'Histoire de France, pour laquelle il avoit un goût décidé ; il en fit pendant son séjour une étude particuliere ; il ramassa soigneusement les différents Ouvrages, tant imprimés que manuscrits qui con-

cernent cette importante Histoire.

Ses perquisitions à cet égard
lui procurerent le morceau de
Littérature que nous donnons
au Public.

Sans décider sur le mérite de
ce Manuscrit, que nous croyons
faire partie de l'Histoire de
France, nous pouvons cependant assurer qu'il part d'une
plume très distinguée, & que
cet Ouvrage, par sa précision
& son exactitude, donnera à
l'Auteur un rang aussi marqué
parmi les Gens de Lettres, que
celui dont il est en possession
dans le Monde Militaire.

DE

DE L'ORIGINE

ET DU PROGRE'S

DES CHARGES

DE

SECRETAIRES D'ETAT.

Lettre à **M.**

O N ne peut donner, MONSEIGNEUR, une origine plus naturelle aux fonctions des Secretaires d'Etat, que l'origine même de la Monarchie, puisqu'elles consistent à notifier la

A

volonté de nos Rois , & qu'ainfi elles font inféparables de leur Gouvernement. Cependant elles ont été exercées dans des circonftances & fous des titres fi différens , que pour avoir une idée jufte du commencement & du progrès de ces grandes Charges , il faut néceffairement examiner les changemens arrivés au Gouvernement, & fuivre pour ainfi dire leurs fonctions au travers des révolutions qui ont fi fouvent changé la face des affaires.

Les Gaules étoient depuis quelques fiécles au pouvoir des Romains , quand les Gots & autres Peuples de Scythie gagnerent fur Décius cette fameufe bataille qui rompit de ce côté-là les Digues de l'Empire, & donna lieu à une infinité de Nations, dont les noms avoient été jusqu'alors inconnus, de se répandre dans les Pays de sa domination.

Les Gots, les Alains, les Suéves, les Vandales pénétrerent en Italie, en Aquitaine, en Espagne; les Bourguignons occuperent les Pays que comprennent aujourd'hui l'Alsace & la Bourgogne; à leur exemple les Saliens, les Bructeres, les Sicambres & autres Peuples de Germanie, ligués sous le nom de Francs, passerent le Rhin, & établirent successivement leur puissance dans les Gaules sur les débris de celle de Rome.

Ce fut en 418. que ces derniers, sous le commandement de Pharamond , étant partis des environs de Cologne , entrerent en Conquérans dans les Gaules , & y jetterent les fondemens d'une Monarchie qui étendit bien - tôt ses bornes jusqu'aux Pyrenées.

Dans ces commencemens , MONSEIGNEUR , la Nation Françoise n'étoit qu'une armée d'Etrangers qui cherchoient à s'établir par la force des armes , & qui s'étoient choisis un Chef pour les mener à la guerre : ils n'avoient nulle idée des Sciences , l'écriture leur étoit même inconnuë. Guyemans voulant faire entendre à Childeric que ses Sujets étoient disposés à lui rendre sa Couronne , lui envoya la moitié d'une piece d'or dont le Roi avoit gardé de con-

cert l'autre moitié ; une lettre auroit été une voye plus commode
& plus sûre, si elle eut été con-
nuë : toutes leurs loix se rédui-
soient au bon sens, & à certaines
coutumes exactement observées ;
point d'autre domicile que le
Camp, nulle autre vûë que le butin.
Un soldat, dit l'Histoire, [1] pressé
par Clovis de rendre un Vase Sacré, soutint qu'il devoit être mis à
la masse du pillage , & le brisa
d'un coup de hache : le Roi fut
obligé de dissimuler ; mais quelque tems après il tua ce soldat
dans un jour de revûë , sous pré-
texte que ses armes n'étoient pas
en bon état. De ce trait on peut

---

[1] Greg. de Tours.

A 3

juger quel étoit alors l'efprit de la Nation & le pouvoir du Chef.

Cette Armée devenuë maîtreſſe des Gaules, & accruë d'un grand nombre de Gaulois & de Romains, commença pour lors à s'établir; partie des Terres conquiſes furent diſtribuées aux Chefs & aux ſoldats, à condition de ſervir toujours à la guerre; l'autre partie fut laiſſée aux anciens habitans, moyennant quelques redevances annuelles. Quant à la forme du Gouvernement, un ſeul Officier étoit chargé dans chaque Province de mener à la guerre tous les Vaſſaux de ſa dépendance, de recevoir les revenus du Roi, & de rendre la juſtice, ou par lui, ou par des Juges inférieurs qu'il commettoit.

Ces Officiers étoient appellés Comtes, parce qu'ils étoient choisis par le Roi parmi les Seigneurs qui l'accompagnoient, & qui jugeoient avec lui toutes les affaires qui étoient portées au Palais.

Comme tant de pouvoir réuni pouvoit donner lieu à des vexations, le Roi députoit tous les ans un autre Comte avec un Evêque pour faire des tournées dans chaque canton, y recevoir les plaintes des Peuples, examiner la capacité des Juges, & veiller à ce que tout se passât dans l'ordre. On les appelloit les Envoyés du Roi.

Tous ces différens Officiers étoient subordonnés au Maire du Palais, qui étoit après le Roi la première personne de l'Etat. Sa puiſſance , qui dès ſon origine étoit immenſe , s'accrut de maniere ſous la minorité de Clovis II. que les Maires du Palais connurent pour lors abſolument de la Paix , de la Guerre , de la Juſtice & des Finances ; ils confererent les Bénéfices , ſe firent Tuteurs des Rois , les dépoſerent , les jetterent dans des Cloîtres. En un mot , dit un Hiſtorien [1] de ces premiers tems , toute la puiſſance du Royaume étoit entre leurs mains , le Roi ne paroiſſoit qu'une fois l'année ſur un chariot traîné par deux bœufs pour recevoir les préſens des Peuples ; mais enſuite c'étoit le Maire du Palais qui don-

----

[1] Annales de Mayence.

noit les ordres fur ce qu'il y avoit à faire dans le courant de l'année.

Pour venir préfentement, Mon-seigneur, à ceux qui étoient chargés de l'expedition de ces ordres, & aux formalités qu'on y obfervoit, vous remarquerez, s'il vous plaît, que le feing manuel n'étoit point alors en ufage, & que pour y fuppléer, chaque particulier avoit un anneau gravé dont il imprimoit la figure fur ce qu'il faifoit écrire par des Ecrivains deftinés au fervice public, tels que les Notaires, Tabellions & Greffiers d'aujourd'hui.

Cette maniere de fignature n'étoit pas particuliere aux François, Pharaon voulant témoigner à Joseph [1] sa reconnoiffance pour la confervation de l'Egypte , lui confia l'anneau dont il avoit coutume de figner : l'anneau étoit auffi en ufage chez les Juifs, & y avoit tant de force, que la mort de Naboth fut l'effet d'une lettre écrite par Jéfabel, [2] au nom & à l'infçu d'Achab , & qu'elle avoit fcelée de l'anneau de Roi ; l'on fçait enfin qu'Augufte envoyoit à Mecenas & Agrippa [3] toutes les lettres qu'il écrivoit au Sénat pour les lire , & qu'après y avoir changé ce qu'ils jugeoient à propos , ils les fignoient de l'anneau que l'Empereur leur avoit confié.

---

1 Jofeph L. 2. Ch. 3. & Genefe Ch. 41.
2 Liv. des Rois , Ch. 21. verf. 8.
3 Dion. L. 51.

On pourroit, Monseigneur,
rassembler une infinité d'autres
exemples, mais ceux-ci suffisent
pour faire voir que chez les Juifs,
en Egypte, chez les Romains,
l'anneau faisoit autant d'effet que
les signatures dont on se sert aujourd'hui : c'étoit la même chose
en France, & il nous reste une
infinité de Chartres des Rois de
la premiere Race, où il ne paroît
d'autre marque de leur volonté
que l'impression de leur Anneau,
ou de leur Sceau ; ces deux termes sont synonimes dans tous nos
anciens Auteurs ; le Sceau dont
on se sert pour les Bulles de Rome, s'appelle même encore l'Anneau du Pécheur. En France le
dépositaire de l'Anneau Royal

étoit le grand Référendaire [1] ; c'é-
toit lui qui rapportoit au Roi ou
au Maire du Palais les Requêtes
qu'on préfentoit , qui recevoit
leurs ordres fur les expeditions
qu'il y avoit à faire , & qui don-
noit la force néceffaire à ces expeditions , en y imprimant l'Anneau : comme il falloit néceffairement qu'il fut Homme de Lettres ,
on étoit obligé de le choifir parmi
les Gens d'Eglife , à qui elles
étoient affectées à l'exclufion de
tous les autres. Auffi trouvons-
nous une longue fuite de Référendaires dans les premiers tems de
cette Monarchie, tous Evêques, la

---

[1] Aymonius Lib. 4. de Geftis Franc. Cap.
41.

plûpart même d'une doctrine si-
gnalée. La science étoit alors si
particuliere au Clergé, que Homme de Lettres & Clerc signifioient
la même chose.

Les fonctions de ce grand Référendaire bien examinées, étoient
les mêmes que nous retrouvons
aujourd'hui dans les Secretaires
d'Etat ; l'un notifioit la volonté du
Roi par l'impression de l'Anneau ,
les autres la font connoître par
la souscription de leur nom ; mais
au fond ces deux formalités ne
doivent point être regardées comme différentes , puisqu'elles ont
produit successivement le même
effet.

Sous la seconde Race de nos
Rois , il y eut, Monseigneur ,

de grands changemens dans le Miniftere; comme la Charge de Maire
du Palais leur avoit fervi de dégré
pour monter au Trône, leur premier foin fut de l'abolir. Adhalard, Abbé de Corbie, compofa
par ordre de Charlemagne un Li-
vre intitulé l'Ordre du Sacré Palais ; nous y voyons quels étoient
les principaux Officiers de la Cour
de ce Prince, & les affaires dont
ils étoient chargés ; il donne le
premier rang à l'Apocrifaire, le
grand Chancelier vient enfuite,
& après lui le Comte du Palais,
tous les autres Officiers dont il
parle n'ont aucun rapport au fujet
dont il s'agit.

L'Apocrifaire, qu'on nommoit
encore Chapelain & Garde du

Palais , étoit chargé fans aucune exception de toutes les Affaires Ecclefiaftiques , & le Comte du Palais de toutes les féculieres : la Juftice de tout le Royaume étoit fous la puiffance de ce dernier ; il connoiffoit des appellations qu'on interjettoit des Comtes ou de leurs Vicaires , & les jugeoit en fon Confeil. Entre un nombre infini d'occupations dont il étoit chargé, fa principale étoit (dit l'Abbé Adhalard) de décider avec juftice & raifon toutes les conteftations que portoient au Palais du Roi ceux qui fe plaignoient des Juges de Provinces, & de faire enforte, par fon équité & fon attention continuelle à l'obfervation des Loix , de plaire également à Dieu & aux hommes.

Le Chancelier , comme vous voyez , MONSEIGNEUR , n'étoit point alors le Chef de la Justice distributive comme il l'est aujourd'hui ; cette qualité appartenoit toute entiere au Comte du Palais , qui cependant ne marchoit qu'après lui. Ce n'est donc point de ce côté-là qu'il faut chercher la source des prérogatives de tout tems attachées à la Charge de Chancelier : après quelques observations , il sera aisé de la trouver dans les fonctions de Secretaire d'Etat.

Sous le Gouvernement de Rome , chaque Préfet ou Gouverneur de Province , entre autres Officiers, en avoit de trois sortes ; les uns pour minuter les Expeditions

tions judiciaires, tels que font aujourd'hui nos Greffiers.

D'autres mettoient ces Expeditions au net dans des Regiſtres.

Les troiſiémes, appellés Chanceliers, les mettoient en formé, les fouſcrivoient & les délivroient aux Parties.

Le nom de ces Chanceliers venoit de ce qu'ils écrivoient ces Expeditions dans des Bureaux fermés par des barreaux à jour appellé *cancelli*, précaution apparamment établie, afin qu'étant expoſés aux yeux du public, ils ne puſſent abuſer de leurs fonctions.

Ils étoient originairement inférieurs aux deux autres eſpeces d'Officiers que nous venons de nommer; cependant comme les

B

Parties n'avoient à faire qu'à eux pour les actes dont ils avoient befoin, ils devinrent par la fuite les plus confiderés, quelques-uns même paſſerent du fervice des Préfets à celui des Princes, & s'y diftinguerent de façon, que fur la fin du 3e. fiécle, l'Empereur Carinus donna la Préfecture de Rome à un de fes Chanceliers; il eft vrai que l'Hiftorien [1] qui nous l'apprend, remarque que ce choix parut extraordinaire.

Avant cet exemple, nous ne voyons point que les Chanceliers euſſent été en aucune confidération; mais comme par la fuite les Princes continuerent de fe fervir

---

[1] Ropifeus.

de Chanceliers dans les affaires du Miniftere, cette dignité s'augmenta dans Rome à un tel point, que lorfque Theodoric y établit le Royaume des Gots fur la fin du cinquiéme fiécle, Caffiodore, fon grand Chancelier, y tenoit après lui le premier rang.

Je dis dans Rome, parce que le fort des Chanceliers ne fut pas fi heureux à Conftantinople, où le Siége de l'Empire avoit été transferé près de deux fiécles auparavant, ils refterent comme dans leur établiffement attachés aux Juges des Provinces, & les Empereurs continuerent de fe fervir pour leurs Expeditions d'une Compagnie de Notaires-Secretaires, divifés en quatre Bureaux, dont l'un [1] étoit chargé des Mémoires, le second des Lettres, [2] le troisié-me des Requêtes, & le quatriéme des Commandemens ; ces quatre Bureaux avoient chacun à leur tê-te un Tribun, & ces Tribuns étoient réunis sous un Chef com-mun, appellé Primicere, qui étoit subordonné au Questeur du Sacré Palais.

Cette digression ne sera pas inutile par la suite, mais pour ne point perdre de vûë nos Chance-liers, il faut suivre l'instruction que Theodoric donne à ce même Cassiodore. Vous devez, lui dit-il, garder avec une entiere fidélité

---

1 Lamprid.
2 Cod. tit. de proxim. Sacri Scrinnii.

les secrets de notre Conseil ; c'est par votre moyen que doivent nous approcher ceux qui auront recours à nous ; vous devez nous rendre compte des Requêtes qui nous seront présentées, expedier nos Ordres sans aucune vûë intéressée : En un mot, vous conduire en tout d'une maniere à rendre notre Justice recommandable. Et pour l'exciter de plus en plus à suivre cette instruction, faites attention, lui dit ce Prince, au nom que vous portez, & au lieu où l'Antiquité vous a placé, les barreaux [1] dont il est entouré laissent la liberté de voir ce que vous y faites : vous avez beau vous renfermer, vous

---

[1] Cass. lib. Ep. 1.

ne pouvez éviter de vous ouvrir à tout le monde : hors de votre Bureau, vous travaillez sous mes yeux, & quand vous y êtes, vous vous trouvez sous ceux du Public.

Ce paſſage bien entendu, vous fera voir, MONSEIGNEUR, deux fonctions dans le Chancelier ; l'une publique, qui s'exerçoit dans un lieu fermé de barreaux ; l'autre ſecrete, qui n'avoit que le Roi pour témoin, ou pour s'expliquer encore plus clairement, il expedioit à la vûë de tout le monde les Lettres du Roi qui devoient être publiques, & dans le Cabinet du Roi celles qui devoient être ſecretes, J'oſerois même dire que de cette différence de fonctions eſt venuë celle qui fe remarque de nos jours dans la fignature des Secretaires d'Etat, qui ne mettent que leur nom & paraphe ordinaire au bas des Expeditions cenfées fecretes, & qui ajoutent une grille en forme de treillis ou de barreaux à celles qu'en Chancellerie on appelle Patentes, & qui devoient, fuivant ce qu'on vient de dire, s'expedier autrefois en public ; outre cette fignature grillée, les Notaires & Tabellions, dont les fonctions confiftent à notifier la volonté des particuliers, comme celles des Secretaires d'Etat à notifier la volonté du Roi, ont encore confervé l'ufage des barreaux ou grilles dans les lieux deftinés à leur travail.

B 4

Les chofes étoient dans l'état qu'on vient de remarquer , lorf- que Charlemagne , après avoir pouffé fes conquêtes en Italie & en Allemagne , & connu égale- ment l'ordre établi dans le Gou- vernement de Rome & de Conf- tantinople , prit partie de l'un & de l'autre , en donnant au fien la forme dont nous avons parlé.

Ce que je vous ai rapporté [1] , MONSEIGNEUR , du Quefteur & du Chancelier , fuffit pour faire voir qu'ils avoient précifément les mêmes fonctions que celles de nos Secretaires d'Etat ; la diftribution & les détails de la Juftice conten-

---

[1] Ann. de Lauresheim fous l'an 801. Id. fous l'an 808.

tieufe , ne les regardoient ni l'un ni l'autre. Il eft vrai que les Loix & les Refcripts du Prince , qu'on regarde avec raifon comme la bafe de cette Juftice , n'avoient de force qu'après qu'ils y avoient mis la f/foufcription ou le Sceau ; mais cette fonction même , dont l'effet confiftoit à certifier & faire connoître la volonté du Prince , n'étoit qu'une dépendance du Secretariat : auffi lifons - nous dans Adhalard , que le Chancelier de France étoit appellé Secretaire , & qu'il avoit fous lui , à l'inftar du Quefteur , une Compagnie de Notaires-Secretaires, compofée de gens fages , habiles & fidéles , qui écrivoient les ordres du Roi , & qui gardoient exactement les fecrets qui leur étoient confiés : quoique subalternes , ils étoient si considerés que Charlemagne choisit Archambault & Rutfroy , tous deux ses Notaires , le premier pour aller assembler une flotte sur la côte de Gennes , & l'autre pour remplir l'Ambassade d'Angleterre ; & qu'Eginart , qui l'étoit aussi , eut l'honneur de devenir son gendre.

Cette considération n'étoit pas nouvelle, Auguste avoit créé par le conseil de Mécenas , une Compagnie de Notaires-Secretaires , en laquelle il n'avoit admis que des [1] Chevaliers , & cette qualité leur avoit été si particu-

---

1 Dion. Cassius. 152.

lierement attachée , que dans les Régles qui leur furent prefcrites par la fuite pour leurs Expeditions, les Contrevenans [1] étoient menanacés d'en être dégradés.

Caffiodore remarque auffi que cet honneur ne s'accordoit qu'à des perfonnes d'une grande diftinction , parce qu'il ne convenoit pas que le fecret de l'Etat fut confié à gens en qui l'on put trouver quelque chofe à reprendre.

Le Chancelier fit donc fous la feconde Race ce que le Référendaire faifoit fous la premiere , & eut à fon exemple des Notaires pour l'aider dans les Expeditions dont il étoit chargé.

---

[1] Cod. leg. ult. de diverfis Refcript.

A l'égard des formalités qui s'obſerverent dans ces Expeditions, nous avons remarqué que l'impreſſion de l'Anneau en faiſoit toute la force ſous nos premiers Rois. Par la ſuite les Référendaires y mirent de leur main une ſuſcription ou une eſpece de Certificat, par lequel il paroiſſoit que c'étoit eux qui les avoient écrites. Il y eut ſous la ſeconde Race d'autres précautions.

Les Sciences étoient devenuës à la mode ſous Charlemagne, l'écriture par conſéquent plus commune : ce fut pour lors qu'on commença à établir le ſeing manuel. Il y avoit déja long-tems que les Empereurs Romains mettoient ces quatres lettres au bas de leurs Ordonnances A. A. M. D. *Augusti manu Divina.* Ils les écrivoient même avec une liqueur couleur de pourpre, dont il étoit défendu à tous autres de se servir, sous peine de crime de Leze-Majesté. A cette formalité l'Empereur Justin en avoit ajouté une autre, en ordonnant qu'elles seroient souscrites de la main du Questeur. Ce fut à peu près la même chose sous Charlemagne, il n'avoit pas l'habitude d'écrire, mais il apprit à faire une espece de chiffre en forme de croix, qui contenoit toutes les lettres de son nom, & le mettoit de sa main au bas des Expeditions. Ses Successeurs continuerent à se servir d'un pareil Monogramme. Voici les Figures de

celles de Charlemagne, de Charles le Chauve, & de Louis le Débonnaire.

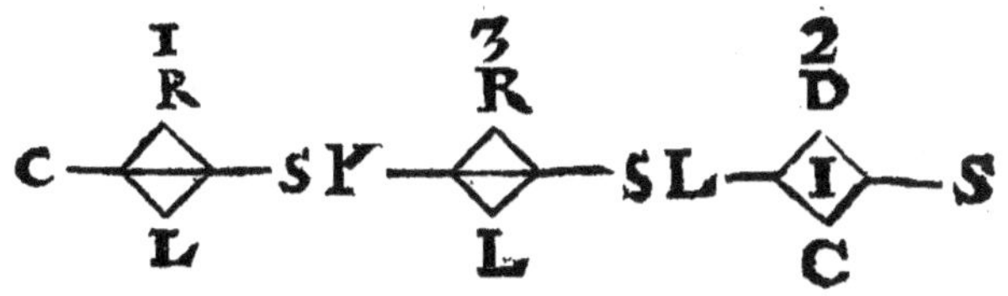

Carolus.   Ludovicus.

Ceci servira à entendre la fin
des Chartes de ce tems-là. En
voici le Formulaire : *Et ut hæc fir-*
ma, & inconvulfa permaneant memo-
riale iftud fieri & nominis fui caractere
& figillo fignari & præfente propria
manu, fua cruce Sancta corroborari

---

1 Charlemagne.
2 Louis le Débonnaire.
3 Charles le Chauve.
Eginard dans la Vie de Charlemagne.

præcepit. On ne les dattoit point encore par les années de l'Ere Chrétienne, l'ufage n'en a commencé que fous Louis le Gros.

La Langue de la Nation étoit la Tudefque ou Allemande, Charlemagne en fit même commencer une Grammaire ; cependant comme la Latine étoit plus univerfellement reçûë, on continua de s'en fervir jufques bien avant dans la troifiéme Race ; & c'eft de cette Latine corrompuë qu'eft venuë celle que nous parlons aujourd'hui.

Après la fignature de l'Empereur, fuivoient celles des Princes-Officiers de la Couronne, car il n'y avoit que des Princes qui le fuffent ; elles étoient faites en chiffre & non en croix , & le Chancelier les diftinguoit par ces mots qu'il mettoit à côté S. c'eft-à-dire ,

Signum) *Theobaldi Dapiferi.*
S. Mathæi Camerarii.
S. Guidonis Buticularii.
S. Radulphi Conftabularii.

Et au bas il ajoutoit , *Data per manum N. Cancellarii* , ou s'il n'y avoit pas de Chancelier , *Data per manum N. ad vicem N. Cancellarii* , ou bien *vacante Cancellaria.* C'étoit toujours un Notaire qui le reprefentoit , & qui par conféquent exerçoit fous lui ou à fon défaut les fonctions de la Chancellerie ou du Secretariat. Sous la troifiéme Race les chofes continuerent fur le même pied , les

Chartes

Chartes furent fignées par le Sénéchal, le Chambellan, le Bouteiller & le Connétable conjointement avec le Roi, & délivrées
à l'ordinaire par le Chancelier, ou
par un des Notaires.

Lorfque ces Chartes établif-
foient dans le Royaume une loi
générale, elles étoient fignées
quelquefois par un plus grand
nombre de Seigneurs ; nous avons
même un Réglement de Philippe
Augufte fur les Fiefs du premier
Mai 1210. dans lequel ceux qui
y font nommés prononcent &
fignent avec le Roi. Les Lettres
commencent ainfi : Philippe par la
grace de Dieu, Roi de France, le
Duc de Bourgogne, Hervé Comte de Nevers, Regnauld Comte

de Bologne, G. Comte de Saint-Paul, G. de Dampierre, & plusieurs autres Seigneurs du Royaume de France, font convenus & ont réglé d'un confentement unanime que, &c. Et à la fin font les Sceaux du Roi & de tous ces Seigneurs.

Le Seing manuel avoit commencé avec l'ufage de l'écriture ; mais il ne fut de long tems regardé comme fuffifant pour la perfection d'un Acte, & le Cachet ou le Sceau paffoient toujours par une ancienne tradition pour la preuve certaine de la volonté. Saint Bernard, [1] qui vivoit au commencement du onziéme fiécle, s'excufe

____

1 Ep. 330. & 339.

dans quelques-unes de ſes Lettres de ne les avoir pas ſignées, parce qu'il n'avoit pas ſon cachet en main, & ajoute que ſon ſtile fera aſſez connoître qu'elles ſont de lui; & dans une autre qu'il écrit au Pape Eugene, il ſe plaint qu'on en a fait courir pluſieurs fauſſes ſous ſon nom, ſcellées d'un cachet falſifié; [1] il l'avertit en même tems qu'il ſignera dorénavant ſes Lettres d'un nouveau cachet, contenant ſon portrait & ſon nom.

Vous voyez, MONSEIGNEUR, que juſques-là toutes les Expeditions d'Etat devoient néceſſairement paſſer par la main du Chancelier; le Sceau tenoit encore

____

[1] Ep. 284.

lieu de la fignature du Roi, & il en étoit feul dépofitaire. D'ailleurs, comme Chef des Notaires-Secretaires, il recevoit les Ordres du Roi fur toutes les Expeditions, & les autres Secretaires n'y étoient employés, pour ainfi dire, qu'en qualité de fes Commis.

La facilité de Louis le Débonnaire & de Charles le Chauve, a rendu les grandes Charges héréditaires ; & le partage que le premier avoit fait du Royaume, donna moyen à ceux qui étoient pourvus des Gouvernemens d'Aquitaine, de Bourgogne, de Normandie, de Flandres, de Champagne & de Touloufe, de fe rendre par la fuite indépendans, & de réduire l'Etat dans une efpece d'Anarchie, qui dura près de deux cens ans.

Le Roi Robert, fuivant la plus commune opinion, pour rappeller tous les Grands à fon parti, & les remettre en quelque maniere dans fa dépendance, forma un Confeil environ l'an 1020. dans lequel ils devoient juger avec lui en qualité de fes égaux les affaires qu'ils auroient réciproquement les uns avec les autres, & regarderoient en général les droits de la Couronne.

Pour rendre dans ce Confeil fon parti confidérable, il joignit à ces fix Pairs Séculiers, fix Pairs Ecclefiaftiques, dont les Evêchés étoient fitués dans les Terres de fon Domaine, & qui par conféquent lui étoient dévoués. Louis VIII. par cette même maxime, ordonna dans un Procès pendant en ce Conseil, entre la Comtesse de Flandres & le Seigneur de Nivelle, que le Chancelier, le Bouteiller, le Chambellan & le Connétable jugeroient conjointement avec les Pairs. [1]

Ce fut pour lors que les Chanceliers, élevés en quelque maniere au rang des Souverains, négligerent le Secretariat d'Etat, dont ils avoient toujours été chargés ; qu'ils se donnerent tout entiers aux affaires de la Justice, qui se multiplioient de plus en plus ; & qu'au lieu de la subscription or-

---

[1] Cet Arrêt fut rendu au Louvre en 1224.

dinaire , ils se contenterent de signer avec les grands Officiers de la Couronne , laissant aux Notaires-Secretaires le détail de leurs anciennes fonctions , avec quelque réserve cependant de supériorité. Guerin , Evêque de Senlis , Chancelier de France sous Philippe Auguste & Louis VIII. & premier Ministre de ces deux Rois, peut être regardé comme celui des Chanceliers qui a cessé le premier d'être Secretaire d'Etat.

Après sa mort le Parlement , qui jusques-là n'avoit été que l'Assemblée des Seigneurs & de quelques Députés que les Provinces envoyoient deux fois l'année à la suite du Roi , tel à peu près que nous le voyons en Angleterre , fut rendu fixe , & confondu avec le Conseil des Pairs ; le Chancelier y eut séance avec eux , & comme cette nouvelle situation l'occupant de plus en plus , l'empêchoit de faire une résidence continuelle à la Cour , les Notaires en profiterent de façon qu'ils travaillerent directement sous les Ordres du Roi.

Philippe le Bel , par un Réglement de 1309. ordonna qu'il y eut toujours près de sa personne trois Clercs du secret,& vingt-sept Clercs & Notaires.

Dans l'Ordonnance de l'Hôtel de Philippes le Long en 1316. il fut réglé qu'il y auroit à sa suite trois Notaires , dont un Secretaire & deux autres dont l'un de sang , fur quoi il faut remarquer que la qualité de Secretaire dépendoit d'une Commiſſion particuliere ajoutée à celle de Notaire ; celui qui travailloit aux Dépêches ſecrettes , étoit Notaire-Secretaire , le Notaire des affaires Criminelles , le Notaire de Sang ; & ceux qui tenoient les Regiſtres des Délibérations du Conſeil & du Parlement , Notaires du Conſeil.

Tous ces Notaires ſuivant le Roi étoient choiſis parmi les autres , dont le nombre ſe trouve fixé à cinquante-neuf par Ordonnance du Roi Jean de l'année 1361. quoique compris tous enſemble ſous le titre de Notaires , ils n'avoient pas cependant ni la même autorité , ni les mêmes fonctions.

Pour éviter la confusion qui auroit pû s'introduire dans les Finances si le Roi les avoit tous em-
ployé à l'expédition de ses Mandemens, le pouvoir de signer en
Finances fut restraint à un petit
nombre, & de ce petit nombre
choisi furent tirés les Secretaires
d'Etat.

Sous Charles V. en 1365. il y
eut onze Secretaires des Finances;
Charles VI. en fit douze en 1381.
& par un Réglement de 1413. il
ordonna qu'ils seroient toujours
tirés de la Compagnie des Notaires, ce qui s'est depuis si exactement observé que M. de Chavigny Secretaire d'Etat fut obligé
en 1633. sur les remontrances de
cette Compagnie, d'y prendre une

Charge pour autorifer fa fignature dans les Lettres de Chancellerie ; il eft vrai que depuis très-long temps nos Rois n'ont point choifi dans ce Corps les Secretaires d'Etat comme dans l'origine ; mais c'eft toujours pour lui un honneur bien confidérable de voir que les Pourvûs de ces grandes Charges doivent y être agrégés.

Les défenfes de figner en Finances n'ayant pas été exactement obfervées par les fimples Notaires , Charles VII. par un Réglement du 4 Septembre 1443. ordonna que le Receveur Général ne feroit reçu à compter à la Chambre des Comptes, que fur des Rôles & états fignés de la main du Roi , & d'un des Secretaires ordonnés au fait des Finances. Et par un autre postérieur[1] ce même Prince défendit à ses Secretaires tant d'Etat que des Finances, de ne plus expédier à l'avenir aucunes Lettres, Closes ni Ordonnances particulieres aux Officiers comptables pour changer les Assignations données sur eux. Je ne rapporte, MONSEIGNEUR, ce dernier Réglement que pour faire voir que la qualité de Secretaire d'Etat n'est pas aussi nouvelle que quelques Auteurs l'ont avancé, & qu'elle étoit différente de celle de Secretaires des Finances.

Les Secretaires d'Etat signoient alors mutuellement les Chartes,

---

[1] Du 4 Mai 1464.

& au lieu de la formalité qui s'obfervoit au commencement de la
troifiéme Race de les faire figner
auffi par les grands Officiers de la
Couronne , on nommoit feule-
ment à la fin quelqu'un de ceux
en préfence defquels elles avoient
été accordées.

Sous Louis XI. le nombre des
Notaires & des Secretaires s'augmenta confidérablement ; comme
il faifoit fes affaires par lui-même ,
il s'embarraffa peu du chcix de
ceux qu'il y employoit ; fouvent
dans fes voyages il faifoit contre-
figner fes Dépêches par le Notaire du lieu, & Brantôme nous
apprend que dans plus de cent
Lettres que le Sénéchal de Poi-
tou fon Ayeul avoit reçu de ce

Prince, il ne s'en trouva pas dix foufcrites d'un même Secretaire : Il arriva auffi lorfque ce Prince donna la Guyenne en appanage à fon frere par Lettres Patentes de l'an 1469. que ces Lettres ayant été fignées par un de fes Notaires, qui n'avoit pas pouvoir de figner en Finances, il en fallut de nouvelles pour les faire valider.

Louis XII. réduifit le College des Notaires au nombre de cinquante-neuf, pour avec lui faire foixante. L'Edit donné au Pleffis-les-Tours au mois de Novembre 1482. détaille fi parfaitement leurs fonctions, que je crois ne pouvoir rien donner de plus inftructif fur cette matiere qu'un Extrait même de cet Edit rapporté dans fes propres termes.

Tout ainfi, dit ce Prince, que J. C. Roy des Roys de la Terre, après fa Paffion, introduifit les Apôtres par l'infufion du S. Efprit, & leur infpira d'enfeigner les Evangéliftes comme vrays & approuvés Notaires, pour rédiger par Écriture folemnelle fes faints Commandemens, de même après qu'il a plu à Dieu de prendre les Roys nos Progéniteurs & le Royaume de France en fi fpéciale élection, qu'il envoya par fes Anges à Clovis la fainte Onction, & les éleut à telle dignité que fur tous autres ils ont héréditairement le nom de Très-Chrétien. Nofdits Progéniteurs, à l'exemple fufdit, choifirent pour le bien de la chofe publique, certaines perfonnes notables, de grande fcience, vertu & expérience, feurs

& stables , de loüable renommée &
très-aprouvée connoissanee & estima-
tion jusqu'au nombre de 59. qu'ils
constituerent pour rediger par écrit &
par signature & attestation en forme
duë , les choses solemnelles & auten-
tiques qui seroient faites , commandées , ordonnées , constituées & éta-
blies par les Roys de France & leurs
successeurs , soient Livres , Regis-
tres , Conclusions & Déliberations ,
Loix , Constitutions , Pragmatiques
Sanctions , Edits , Ordonnances ,
Consultations, Chartes, Dons, Con-
cessions , Octroys , Privileges, Mandemens , Commandemens , Provisions de Justice ou de grace ; aussi
pour faire approuver par signature
tous les Mandemens , Chartes &
Expéditions quelconques faits en
Chancellerie ,

Chancellerie, pareillement pour en-
registrer les Déliberations, Conclu-
sions, Arrests, Jugemens, Senten-
ces, & Prononciations de nosdits
Progeniteurs ou de leurs Conseils,
des Cours de Parlement & autres
usans sous lesdits Roys d'autorité &
de Jurisdiction Souveraine, & généra-
lement toutes Lettres, Closes & Pa-
tentes, & autres choses quelconques
touchant les faits & affaires des Roys
de France, de leur Royaume, Pays
& Seigneuries. Iceux ainsi choisis
(ajoute ce Prince) nosdits Progeni-
teurs nommerent quatre leurs Clercs,
Notaires & Secretaires comme ceux
qu'ils vouloient & entendoient être
présens & perpetuellement appellés,
ou aucuns d'eux, pour écrire & en-
registrer leurs plus grands, plus spé-

D

ciaux & plus *secrettes affaires ; auſſi pour accompagner les Chanceliers
de France , être & aſſiſter eſdites
Chancelleries , aſſiſter au Grand-
Conseil & Cours de Parlement pour
écrire & enregiſtrer tous Arreſts , Jugemens & Expéditions qui s'y feroient.*

La diſpoſition de cet Edit eſt
une preuve, MONSEIGNEUR, que
les Notaires-Secretaires employés
aux affaires d'Etat étoient fixés
depuis long tems au nombre de
quatre , qu'ils étoient ſeulement
chargés des Expéditions les plus
ſecrettes , & que les autres Notaires expédioient indifféremment
toutes celles qui ne l'étoient pas , à
l'exception cependant de celles de

Finances, qui comme nous l'avons déja remarqué, étoient attribuées à des Secretaires particuliers, la signature manuelle étoit pour lors en sa force ; ainsi celle des Secretaires faisant une preuve complette de la volonté du Roi, l'apposition du Sceau, qui dans son origine tenoit lieu de cette signature, devint une simple formalité que les Chanceliers, toujours Chefs de la Compagnie des Notaires, se réserverent pour se maintenir dans leur ancienne supériorité.

Les affaires réservées aux Secretaires d'Etat n'étoient point encore séparées entr'eux, & ils expédioient également celles dont le Roi les chargeoit : mais Henry II. par ses Lettres Patentes de

1547. données en préfence du Connétable de Montmorency, régla que toutes les Expéditions & Dépêches d'Etat feroient faites par Guillaume Bochetel, Cofme Clofe, Claude de l'Aubefpine, & Jean du Tiers, chacun dans les lieux & Provinces qu'il leur avoit affignés par un Réglement du 1ᵉ Avril de la même année, fuivant lequel ils fe mêloient tous quatre de la Guerre & des affaires étrangeres dans l'étendue de leur Département. *Nous avons (dit ce Prince dans l'Enoncé de ces Lettres Patentes) fait choix de quatre nos amés & féaux Confeillers-Secretaires de nos Commandemens & Finances pour figner les Expéditions & Dépêches d'Etat.* Ce qui renferme tous les tîtres que les Secretaires d'Etat prennent aujourd'hui.

Depuis ce Réglement , il ne fut plus mention dans les Chartes de ceux en préfence de qui elles avoient été données ; les Secretaires d'Etat , plus maîtres de jour en jour de leurs Expeditions , en furent les feuls témoins.

Comme ils étoient toujours à portée de recevoir les Ordres du Roi , toutes les graces qu'il faifoit, paffoient par leurs mains , indépendamment du Chancelier , pendant que les autres Notaires attachés près de lui , furent réduits à expedier fous fes ordres les feules affaires de Juftice , & tellement exclus par la fuite de celles du Miniftere , que le feul veftige qui reſte de la part qu'ils y avoient originairement , eſt l'obligation où ſe trouvent encore aujourd'hui les Secretaires d'Etat , de prendre une Charge dans cette Compagnie.

1 Juſques au régne d'Henri III, les Mémoires des Particuliers qui avoient des graces à demander , étoient préſentés par les Grands , ou par les Favoris , qui les appuyoient de leur crédit , & ſe faiſoient par-là une Cour & des Créatures.

Les Mémoires ainſi préſentés , étoient renvoyés aux Secretaires d'Etat & au Chancelier pour les

1 Davila L. 6. des Guerres Civiles , année 1575.

examiner ; s'ils trouvoient la de-
mande contraire aux régles , ils
rejettoient le Mémoire fans le rap-
porter : fi au contraire elle leur
paroiffoit pouvoir s'accorder fans
inconvenient , ils l'enregiftroient
par ordre fur un rôle qui fe lifoit
au Roi en préfence de fon Confeil
d'Etat.

Chaque article du Rôle étoit
difcuté dans le Confeil ; le Roi
apoftilloit de fa main ceux qui
étoient accordés, les autres étoient
rayés.

Ces articles accordés étoient
tranfcrits fur un nouveau Rôle appellé contre-Rôle, ou Contrôle,
le Chancelier y mettoit le Sceau,
& les Secretaires d'Etat faifoient
enfuite leurs Expeditions.

D 4

Ce fut en 1575. que Henri III. changea cet ordre d'Expedition, pour conserver le secret du Gouvernement. Il avoit cessé d'agiter dans son Conseil d'Etat les matieres les plus importantes ; il se contentoit d'en parler dans le Conseil du Cabinet, composé du Chancelier & des Secretaires d'Etat, qui avoit commencé sous Charles IX. Et afin que ceux qui obtiendroient des graces ne les tinssent que du Roi seul, il ordonna que chaque Particulier lui présenteroit directement son Mémoire, & que lorsqu'il les auroit lûs & apostillés à certaines heures, les Expeditions en seroient faites par les Secretaires d'Etat, sans autre examen.

Le premier Janvier 1589. Henri III. après avoir disgracié Messieurs de Villeroy, Pinart & Bruslart, changea l'ancien département, en donnant la Guerre à M. de Revol, & les Affaires Etrangeres à M. Ruzé de Beaulieu, à conc tion cependant que chaque Secretaire d'Etat en signeroit les Expeditions dans son département.

Les deux autres étoient Messieurs de Gesvres & de Fresne.

Ces quatre Secretaires d'Etat commencerent les premiers à prêter entre les mains du Roi le serment que le Chancelier avoit coutume de recevoir, & acheverent par-là de se soustraire en quelque façon à une superiorité qui leur devenoit étrangere, depuis qu'il avoit renoncé au Secretariat. Ceux qui leur ont fuccedé jufques à ce jour font compris dans l'état que je joint à cette Lettre.

Quoique la Guerre eut été diftribuée à un feul Secretaire d'Etat, & les Affaires Etrangeres à un autre ; cependant chacun des quatre devoit en figner les Expeditions dans fon département ; les inconveniens qui naquirent de ce mêlange , obligerent Louis XIII. de mettre les chofes fur le pied qu'elles font aujourd'hui.

Il feroit inutile , MONSEIGNEUR , de détailler tous les changemens qui peuvent être arrivés depuis Henri II. dans la diftribution des Provinces ; il fuffit de fçavoir les départemens tels qu'ils ſubſiſtent aujourd'hui.

Il me reſte à obſerver que tous les Notaires - Secretaires étoient anciennement tenus de dreſſer eux-mêmes les Expeditions qui leur étoient commandées ; mais comme par les ſuites les Dépêches ſe multiplierent au point que les Secretaires d'Etat qui en étoient chargés ne pouvoient y ſuffire , Henri IV. leur permit par une Déclaration du 4. Février 1599. de les faire dreſſer par leurs princi-paux Commis, qui ſeroient tenus de les parapher , & défendit en même tems aux autres Notaires , qui depuis quelque tems étoient auſſi appellés Secretaires , de ſigner aucunes Lettres qui ne fuſſent dreſſées par eux , ou par leurs

Compagnons. Cette même Déclaration ordonne en général que nul Secretaire ne pourra signer des Lettres de Chancellerie qu'il n'ait atteint l'âge de dix-huit ans pour le moins.

Je me contenterai d'ajouter , qu'au commencement de la Régence de Louis XV. la Charge de Secretaire d'Etat , dont étoit pourvû M. le Chancelier Voisin , fut supprimée par Edit du mois de Janvier 1716. & que les Provinces du département furent reparties entre les trois Secretaires d'Etat qui furent conservés, mais avec une suppression presqu'entiere de leurs fonctions.

Elles passerent pour la plus grande partie aux cinq Conseils , qui furent dans le même tems établis pour les Négociations Etrangeres, pour la Guerre, pour la Marine, pour les Finances, & pour les Provinces de l'intérieur du Royaume. Les affaires relatives à chacun de ces Conseils, y étoient examinées, discutées & décidées; une partie des Expeditions étoit signée du Président & d'un Conseiller, & avoit la même force que lorsqu'elles étoient précédemment signées d'un Secretaire d'Etat : l'autre partie étoit réservée aux Secretaires d'Etat ; mais comme ils n'avoient aucune part aux décisions, leur signature étoit une espece de formalité qu'ils ne pouvoient refuser aux Ordres des Conseils.

Les cinq Conseils furent subordonnés à un sixiéme, qui fut créé sous le titre de Conseil de Régence, pour prendre connoissance des affaires générales de l'Etat : c'étoit le Tribunal suprême du Gouvernement.

Il est aisé de sentir que dans cette disposition les Secretaires d'Etat n'étoient que les Secretaires des Conseils ; mais cette éclipse de Secretariat d'Etat, ne fut pas de longue durée, on reconnut bien-tôt l'embarras, la lenteur & l'indécision qui résultoient de ce nouvel établissement. On prévit que le secret étoit incompatible avec le grand nombre de ceux à qui il devoit être confié : on s'apperçut d'ailleurs que les graces n'émanant plus directement du

Roi, on retomboit dans l'inconvenient auquel Henri III. avoit
remedié par son Réglement de
1575. Enfin trois ans d'expérience obligerent M. le Régent de
rapprocher les choses de l'ancien
pied.

Sur la fin de 1718. les Conseils
des Affaires Etrangeres , de la
Guerre , des Finances & de l'intérieur du Royaume , furent sup-
primés ; les trois Secretaires d'Etat
qui avoient été conservés en 1716.
furent chargés comme anciennement des affaires des Provinces
qui leur avoient été départies , &
on établit deux nouveaux Secretaires d'Etat par commission ; l'un
fut l'Abbé du Bois , depuis Cardinal & principal Ministre ; l'autre

M. le Blanc, Maître des Requêtes, Intendant de la Flandre ma-
ritime. Le premier eut les Affaires Etrangeres ; le second celles
de la Guerre. Ils n'eurent l'un &
l'autre aucun département de Province ; le Contrôleur Général rentra dans les anciennes fonctions
du Ministre des Finances. Le Conseil de la Marine subsista le dernier ; mais par la suite ce département fut rendu au Secretaire
d'Etat qui l'avoit avant l'établissement des Conseils.

Le premier Juillet 1723. M. le
Blanc fut disgracié, M. le Marquis de Breteuil lui succeda d'a-
bord par commission ; mais le Cardinal du Bois, qui avoit fait ériger
sa Commission en Charge, étant

mort

mort au mois d'Août suivant, cette Charge passa à M. de Breteuil, dont la Commission fut supprimée ; & par cet arrangement les Secretaires d'Etat furent réduits au même nombre qu'ils étoient à la mort du feu Roi.

M. de Breteuil se trouva le seul des quatre qui n'eut aucun département de Provinces ; celles qu'avoit eu le Chancelier Voisin, avoient été partagées entre les trois autres ; mais à la mort de M. de la Vrilliere, arrivée au mois de Septembre 1725. les choses furent entierement remises sur l'ancien pied, & on rendit à M. de Breteuil tout ce qu'avoient eu ses prédécesseurs.

Voilà, MONSEIGNEUR, tout

ce que j'ai pû raffembler fur une matiere qui n'a point été jufqu'à préfent approfondie. Je laiffe le foin à des Auteurs de profeffion de la traiter avec plus d'étenduë ; mon feul objet en vous préfentant cette ébauche , eft de faire chofe qui puiffe vous plaire , & vous marquer mon refpect & ma re-connoiffance.

Suite de Messieurs les Secretaires d'Etat qui ont successivement rempli les Charges de Messieurs de Revol, de Ruzé, de Beaulieu, de Gesvres & de Fresne.

Département de la Guerre.

Louis de Revol fut fait Secretaire d'Etat le 15. Septembre 1588. & exerça cette Charge jusqu'à sa mort, arrivée le 17. Septembre 1594.

Nicolas de Neuville, Seigneur de Villeroy, qui avoit été éloigné de la Cour en 1589. y fut rappellé à la mort de M. de Revol ; il rentra dans la Charge de Secretaire d'Etat , & en resta pourvû jusqu'au 12. Novembre 1617. qu'il mourut.

Pierre Bruslart , Seigneur de Puysieux son gendre , qui avoit obtenu la survivance le 4. Mars 1606. exerça la Charge conjointement avec lui jusqu'au mois d'Août 1616. qu'il fut éloigné de la Cour , ainsi que M. de Villeroy son beau-pere , par les intrigues du Maréchal d'Ancre.

Claude Mangot , Sieur de Villeran, leur succeda par Commission, & exerça la Charge depuis le 9. Août 1616. jusqu'au dernier Novembre suivant, qu'il fut promû à la Charge de Garde des Sceaux.

Armand-Jean du Pleſſis de Richelieu, Evêque de Luçon, lui ſucceda auſſi par Commiſſion, & ne l'exerça que juſqu'au premier Mai 1617. que M. de Puyſieux fut rappellé.

Les changemens arrivés à la Cour par la mort du Marêchal d'Ancre, engagerent M. de Richelieu de ſe retirer à Avignon en 1618. Quelque tems après rappellé à la Cour, il obtint le Chapeau de Cardinal le 5. Septembre 1622. & en 1624. Louis XIII. le nomma ſon principal Miniſtre, & Chef de ſes Conſeils.

Pierre Bruſlart, Seigneur de Puyſieux, rétabli le premier Mai 1617. en ſa Charge de Secretaire d'Etat, l'exerça juſqu'à ſon entiere deſtitution, qui fut le 4. Février 1624. Il refuſa 200000 liv. que Louis XIII. lui fit inutilement offrir pour donner ſa démiſſion ; mais après ſa mort en 1640. cette ſomme fut payée à ſes héritiers.

Charles de Beauclerc fut pourvû de ſa Charge le 5. Février 1624. & l'exerça juſqu'au 12. Octobre 1630. jour de ſa mort.

Abel Servien lui ſucceda le 11. Décembre 1630. & exerça juſqu'au 26. Février 1636. qu'inſtruit des mauvais offices que lui rendoit le Cardinal de Richelieu, il ſe démit volontairement de ſa Charge entre les mains du Roi, qui lui donna 300000 livres de récompenſe.

François Sublet, Seigneur Deſnoyers , en fut pourvû le même jour 16. Février 1636. & après l'avoir exercé jusqu'au 2. Mai 1642. il se retira volontairement en sa maison de Dangut, qu'il tenoit de la liberalité du Roi : il y mourut au mois d'Octobre 1645.

Michel le Tellier pourvû sur sa démission le 2 Mai 1642. après avoir rempli la Charge pendant trente-cinq ans , fut fait Chancelier de France en 1677. & mourut le 30 Octobre 1685.

François - Michel le Tellier , Marquis de Louvois son fils , qui avoit obtenu sa survivance dès le 13 Décembre 1655. avoit depuis rempli les principales fonctions de la Charge , & les continua jusqu'au 16 Juillet 1691. jour de sa mort.

Louis-Marie le Tellier, Marquis de Barbezieux, second fils du Marquis de Louvois, avoit obtenu sa survivance le 3 Novembre 1685. sur la démission du Marquis de Courtanvaux son frere aîné, à qui elle avoit été précédemment accordée, & il exerça la Charge jusqu'au 6 Janvier 1701. jour de sa mort.

Michel Chamillart, déja Ministre d'Etat & Contrôleur Géneral des Finances, succéda au Marquis de Barbezieux, & au mois de Janvier 1707. il obtint sa survivance pour Michel Chamillart Marquis de Cany son fils, qui exerça la Charge conjointement avec son pere jusqu'au mois de Juin 1709. qu'ils furent disgraciés.

Daniel-François Voisin, depuis Chancelier de France, leur succéda, & resta pourvû de la Charge jusqu'en 1716. que par Edit du mois de Janvier elle fut supprimée ; comme elle étoit chargée d'un Brevet d'Assurance de 400000 livres, M. d'Armenonville lui en fit le remboursement, au moyen de quoi le Roi lui accorda un pareil Brevet sur la Charge de Secretaire d'Etat qu'il avoit acheté de M. le Marquis de Torcy, chargé du Département des Affaires Etrangeres.

Le Département de la Guerre avoit passé en 1715. à la mort de

Louis XIV. des Secretaires d'Etat
à un Conseil , qui fut pour lors
établi pour la direction des affaires de la Guerre ; mais le 24 Septembre 1718. ce Département fut
donné par Commission à Claude
le Blanc , l'un des Conseillers de ce
Conseil , qui fut disgracié au mois
de Juillet 1723.

François-Victor le Tonnelier ,
Marquis de Breteuil , succéda à
M. le Blanc aussi par Commission ; mais le 4 Octobre 1723. le
Cardinal du Bois étant mort , il
obtint des Provisions de la Charge
de Secretaire d'Etat , qui avoit été
créée au mois de Janvier précédent pour cette Eminence.

M. le Blanc fut rappellé le 13
juin de l'année 1726. & pourvû

de la Charge fur la démiſſion de M. le Marquis de Breteuil ; il l'a poſſédée juſqu'à ſa mort arrivée le 19 Mai 1728.

Nicolas - Proſper Bauyn , Seigneur d'Angervilliers lui ſuccéda , & à ſa mort arrivée à Marly le Lundi 15 Fevrier 1740. M. le Marquis de Breteuil fut rétabli dans ſon ancien Département.

M. le Marquis de Breteuil étant mort d'apoplexie le 7 Janvier 1743. M. Marc-Pierre de Voyer Comte d'Argenſon , Miniſtre d'Etat , fut nommé le même jour pour lui ſuccéder , & en prêta ſerment le 8 entre les mains du Roi.

Département des Affaires Etrangeres.

Louis Potier, Seigneur de Gef-vres, fut fait Secretaire d'Etat le 25. Février 1589. & en 1606, il fit pourvoir en survivance de sa Charge , Antoine Poitier , Seigne de Sceaux , son fils, qui l'exerça conjointement avec lui jusqu'au 13. Septembre 1621. qu'il mourut.

M. de Gefvres s'en démit le 15. Octobre 1622. en faveur de Nicolas Poitier, Seigneur d'Oguerre son neveu, qui mourut au mois de Septembre 1628.

Claude Bouthilier lui succeda le 29. Septembre 1628. & après avoir exercé la Charge jusqu'en

1632. il fut fait Surintendant des Finances.

Leon de Bouthilier , Seigneur de Chavigny , qui avoit eu fa furvivance du Secretariat d'Etat le 18. Mars 1632. s'en démit le 23. Juin 1643. en faveur de Henri de Lomenie , Comte de Brienne , qui avoit été pourvû de la Charge de Secretaire d'Etat au Département de la Marine & de la Maifon du Roi , le 12. Août 1615. en furvivance d'Antoine de Lomenie fon pere , & qui s'en étoit démis au mois de Février 1643. en faveur de M. du Pleffis de Guenegaud , rentra dans le Secretariat par la démiffion de M. de Chavigny le 23. Juin de la même année, & paffa du Département de la

Marine à celui des Affaires Etrangeres. Il s'en démit le 20. Avril 1663. en faveur de M. de Lionne, qui dès l'année 1658. avoit été nommé Miniſtre d'Etat.

Louis-Henri de Lomenie, Comte de Brienne, fils du précédent, avoit eu ſa ſurvivance le 24. Août 1651. mais comme il n'avoit alors que ſeize ans, il ne commença à exercer qu'en 1658. Il donna ſa démiſſion conjointement avec celle de ſon pere ledit jour 20. Avril 1663.

Hugues de Lionne, Seigneur de Berny, pourvû ſur les démiſſions de Meſſieurs de Brienne pere & fils, obtint le 14. Février 1663. la ſurvivance de ſa Charge en faveur de Louis - Hugues de

Lionne , Marquis de Berny , son fils , qui s'en démit en 1671. après la mort de son pere.

Le Commerce & la Marine faisoient partie de son Département ; mais ils en furent distraits en 1669. pour les joindre à celui de la Maison du Roi, comme on le dira ci-après. Simon Arnaud Marquis de Pomponne, pour lors Ambassadeur en Suede , fut choisi par le feu Roi pour succéder à Messire de Lionne ; il fut pourvû de la Charge de Secretaire d'Etat le 31 Octobre 1671. & en 1679. il en remit les Provisions à Sa Majesté , & vêcut dans la retraite jusqu'en 1691. qu'il fut rappellé en Cour en qualité de Ministre d'Etat.

Le 2 Janvier 1680. Charles Colbert, Marquis de Croissy, fut pourvû de sa Charge de Secretaire d'Etat, & en 1697. il en obtint la survivance pour Charles Colbert Marquis de Torcy son fils, qui s'en démit en 1716. en faveur de M. d'Armenonville.

Les Affaires Etrangeres passerent alors au Conseil établi au commencement de la Régence pour leur Direction, ainsi le Département ne suivit plus la Charge ; mais le 24 Septembre 1718. l'Abbé du Bois, depuis Cardinal & premier Ministre, obtint une Commission de Secretaire d'Etat, avec le Département des Affaires Etrangeres ; & au mois de Janvier 1723. le Roi créa pour lui une Charge de de Secretaire d'Etat en titre d'Office, au moyen de quoi ces Charges se retrouverent dans leur ancien nombre de quatre.

Dans cette même année 1723. le Cardinal du Bois étant mort, sa Charge passa à M. le Marquis de Breteuil, qui étoit pour lors chargé par simple Commission du Département de la Guerre.

Le Département de la Marine, qui avoit été donné à M. d'Armenonville, fut réuni à M. le Comte de Maurepas.

Et M. le Comte de Morville, reçu en survivance de M. d'Armenonville son pere dès l'année 1721. eut le Département des Affaires Etrangeres, vacant par la mort du Cardinal du Bois.

F

Au mois d'Août 1727. Germain-Louis Chauvelin, Garde des Sceaux, & depuis Adjoint du premier Ministre, succeda au Comte de Morville, sur sa démission, au Département des Affaires Etrangeres.

Le 21. Février 1737. en la place de M. Chauvelin, Jean-Jacques Amelot, Intendant des Finances, fut pourvû de sa Charge de Secretaire d'Etat.

Le 26. Avril 1744. M. Amelot s'étant démis de sa Charge de Secretaire d'Etat, le Roi y nomma le 3. Novembre suivant M. de Villeneuve, Conseiller d'Etat, & ci-devant Ambassadeur à la Porte; & sur la priere qu'il fit à Sa Majesté de vouloir bien le dispenser de l'accepter, Elle y nomma le 18. du même mois de Novembre, René-Louis de Voyer, Marquis d'Argenſon, qui en prêta ſerment le 20. & qui l'exerce actuellement.

Département de la Maiſon du Roi & de la Marine.

Martin Ruzé, Seigneur de Beaulieu, Secretaire d'Etat le 15. Septembre 1588. mourut revêtu de la Charge le 6. Novembre 1613.

Antoine de Lomenie, qui avoit obtenu ſa ſurvivance le 4. Mars 1606. lui ſucceda, & exerça la Charge juſqu'au mois de Février 1643.

Henri - Auguſte de Lomenie,

Comte de Brienne , reçu le 12. Août 1615. en furvivance de fon pere , exerça la Charge jufqu'au mois de Février 1643. qu'il s'en démit en faveur de M. de Guenegaud ; au mois de Juin fuivant , il rentra , comme on l'a dit , dans le Secretariat par la démiffion de M. de Chavigny , & lui fucceda dans le Département des Affaires Etrangeres.

Henri de Guenegaud , Seigneur du Pleffis , fucceda à M. le Comte de Brienne le 23. Février 1643. & exerça fa Charge jufqu'en 1668.

Jean-Baptifte Colbert fucceda à M. de Guenegaud en 1669. on lui donna le Commerce & la Marine, qu'on retira du Département des Affaires Etrangeres , & on donna

à M. de Lionne en dédommage-
ment 4000 liv. d'augmentation
d'appointemens, & les Provinces
de Navarre, Bearn, Bigorre &
Berry. M. de Colbert mourut le
6. Septembre 1683.

Jean-Baptiste Colbert, Mar-
qui de Seignelay, qui avoit eu la
survivance de son pere, lui succeda, & remplit la Charge & le
Département jusqu'au 3. Novembre 1690. jour de sa mort.

Louis de Phelipeaux, Seigneur
de Pontchartrain, depuis Chancelier de France, lui succeda, &
en 1693. il fit pourvoir en survivance de sa Charge de Secretaire
d'Etat, Jerôme de Phelipeaux,
Comte de Pontchartrain son fils,
qui l'a exercé jusqu'en 1715.

F 3

Il fut pour lors établi un Conseil particulier pour la direction des Affaires de la Marine, de maniere que Jean-Frederic Phelipeaux, Comte de Maurepas, pourvû de la Charge du Comte de Pontchartrain son pere, sur sa démission, n'eut pour Département que la Maison du Roi & le Clergé.

Joseph-Jean-Baptiste Fleuriau, Seigneur d'Armenonville, depuis Garde des Sceaux, avoit acheté la Charge de M. de Torcy en 1716. Il eut par la suite le Département de la Marine, & en obtint en 1721. la survivance pour Charles-Jean-Baptiste de Fleuriau son fils, qui a rempli la Charge & le Département jusqu'en 1723. que le Cardinal du Bois étant mort, l'ordre des Dé-partemens fut rétabli, celui des Affaires Etrangeres retourna à M. le Comte de Morville, com-me une annexe de la Charge qu'il avoit eu de M. le Marquis de Torcy, & celui de la Marine fut rendu à M. le Comte de Maure-pas, qui le remplit actuellement.

Département de l'intérieur du Royaume.

Pierre Forget, Seigneur de Fresne, reçu Secretaire d'Etat le 22. Février 1589. exerça cette Charge jusqu'au 10. Avril 1610. qu'il s'en démit en faveur de Paul Phelipeaux, Seigneur de Pontchartrain, qui exerça jusqu'au 20. Octobre 1621. jour de sa mort.

Remont Phelipeaux, Seigneur d'Herbault son frere, lui succeda par Provisions du 5. Novembre 1621. & mourut le 2. Mai 1629.

Louis Phelipeaux, Seigneur de la Vrilliere, fils de Remond, fut pourvû de sa Charge le 17. Juin 1629. & en obtint la survivance le 15. Avril 1654. en faveur de Louis Phelipeaux, Baron d'Hervy son fils, qui mourut en 1669.

Balthazard Phelipeaux, Marquis de Châteauneuf, frere du Baron d'Hervy, lui succeda, & mourut le 27. Avril 1700.

Louis Phelipeaux, Marquis de la Vrilliere son fils, fut pourvû de sa Charge le 28. Avril 1700, & l'exerça jusqu'au jour de sa mort, arrivée à Fontainebleau le 7. Septembre 1725.

Louis Phelipeaux, Comte de Saint-Florentin son fils, lui a succedé, & exerce actuellement la Charge.

F I N.